presents:

Bizhiki Belle

Belle the Cow

Translation by:
Isadore Toulouse

Story by:
Brita Brookes

Illustration by:
Darlene "Dolly" Peltier

©2021 Brita Brookes & FOUR Colours Productions. Reproduction in part or in whole of this work is prohibited.

Bangii daa shkonganing.
Bangii lives on the reservation.

Bangii zhinkaazo zaam wiin memoonji-gaachiinyid.
He is called Bangii because he is the youngest.

Bangii dowaan niiwin wiikaaneyin.
Bangii has 4 older brothers.

Bangii dowaan niizh zesiikzinjin misenyin.
Bangii has 2 older sisters.

Bangii wiijgendowaan:
Bangii lives with his:

Gashiwan, oosan, wiikaaneyin, miseyin, mishoomsan miiniwaa ookimisan.
Mom, dad, brothers, sisters and grandparents.

Ezhi-ngodweyaangizowaad ookaangamig daa'aanwaa.
The family has a farm.

Gchi-nokiiwin maanda aawan ookaangamig.
The farm is a lot of work.

Enso-bebezhig daa'an waanankiid.
Each person does a part of the work.

Bangii gnowendimaan Belle'an
Bangii takes care of Belle.

Belle aawi gchi-bizhiki.
Belle is a large cow.

Belle aawi e-doodooshaabooked.
Belle is a milk cow.

Belle miinaan ezhi-ngodweyaangizwaad
miiniwaa shkonganing doo-doodooshaaboom.
Belle gives the family and reservation milk to drink.

Bangii oziinaan Belle'an doo-doodooshaaboom enso-giizhigak.
Bangii gets the milk from Belle each day.

Bangii ziin'naan nindan bizhikoon.
Bangii milks the cow.

Maanda doodooshaaboo biinji-kik ni-naazhgaa.
The milk goes in a bucket.

Miidash niindaaweng maanda doodooshaaboo.
Then the milk is delivered.

Ezhi-ngodoodenaawzing debnaanaawaa doodooshaaboo.
The community gets the milk.

Binoojiinsag miiniwaa binoojiinyag emigijig mineznaawaa maanda doodooshaaboo.
Babies and growing children need milk.

Bangii zaagaan Belle'an.
Bangii loves Belle.

Belle e-mkadewsid, e-ozaawzid miiniwaa e-waabshkizid bizhiki aawi.
Belle is a black, brown and white cow.

Mkadeyaanoon miiniwaa ozaawanoon ewaaye'aagin tenoon doo-biiwiyihman.
She has black and brown spots on white fur.

Belle gnowaabiignini doo-miishaabizowinan.
Belle has long eyelashes.

Belle daa'aan e-ozaawandenig jaansh.
Belle has an orange nose.

Nookaani doo-jaanshim.
Her nose is soft.

Belle miiginan miishkoonsan gbe-giizhig.
Belle eats grass all day.

Kitigaaning maanda miishkoons maajiigin.
The grass grows in the fields.

Belle wiisini, miiniwaa wiisini, miiniwaa wiisini.
Belle eats, and eats, and eats.

Belle zaagtoon miijid ninda miishkoonsan.
Belle loves to eat grass.

Naadimaagwan miishkoons wii-zhitoon doodooshaaboo.
The grass helps her make milk.

Doodooshaaboo gewiinwaa dinkaaznaawaa doo-bizhikiinsman.
The milk is for her calves.

Gewii maanda doodooshaaboo nji sa bemaadizijig.
The milk is also for the people.

Piichin Belle dooshtoon miikaans miishkoonsing.
Sometimes Belle makes a trail in the grass.

Belle miijinan miishkoonsan enpiichi-tikooging.
Belle eats the grass shorter.

Maanda dash etikwaag miishkoons miikaans ni-aawan.
The short grass makes a trail.

Genowaag miishkoons temgwad shiweying dekwaag miishkoons.
The tall grass is next to the short grass.

Miidash maanda eni-miikaanswong.
This makes a trail.

Ngoding giizhigak Bangii gii-ki-daakiiye.
One day Bangii went up on the hill.

Odi dash kidaaki gii-bi-nzaambmaan Belle'an.
From the hill he saw Belle.

Belle megwaa doo-maa-miijinan miishkoonsan zhiwe kitigaaning.
Belle was eating grass in the field.

Zhiwe dash kitigaaning kidwin gi-temgad.
In the field was a word.

"G'zaagin"
"I love you"

Miiniwaa ngoding gii-naabi Bangii.
Bangii looked again.

Wenesh maanda ezhi-zhiwebak?
How could this be?

Belle gii-zhibiiyan kidwin mishkoonsing.
Belle had written a word in the grass.

Maanda kidwin gii-zhibiigaade miishkoonsing.
The word was written in the grass.

Miishkoons miikaans gii-zhitoon kidwin.
The grass trail made a word.

Waasa go eta daa-bi-naamjigaade maanda kidwin.
The word could only be seen from afar.

Gaawii beshaa gii-naaksinoo maanda kidwin.
The word was not visible up close.

Bangii gii-niisaakiiyebatoo.
Bangii ran down the hill.

Bangii gii-patoo odi kitigaaning.
Bangii ran into the field.

"Belle! Belle!"
"Belle! Belle!"

"Belle kii-zhibiiyan na kidwin kitigaaning?"
"Belle did you write a word in the field?"

Belle gii-naabi ishpiming miidash gii-jiibiingwenid.
Belle looked up and winked her eyes.

Belle niisaying giinaabi.
Belle looked down.

Ooshme geyaabi miishkoonsan gii-miijnan.
Belle ate more grass.

Bangii gii-giiwebatoo
Bangii ran home.

Bangii gii-wiindimoowaan ezhi-ngodweyaangizwaad maanda dibaajimoowin.
Bangii told his family the story.

Gewiin dash ezhi-ngodweyaangizowaad wii-waabndaanaa'aa maanda kidwin.
His family wanted to see the word.

Gaa-ni-waabang dash kina-ezhi-ngodweyaangizowaad
gii-zhaawag waanid Belle'an.
The next day the family went to see Belle.

Belle megwaa wiisiniba kitigaaning.
Belle was eating grass in the field.

"Gaawii nwaabndaziin kidwin," gii-kidwan oosan.
"I do not see a word." said Daddy.

"Manpii! Manpii!. gii-kida Bangii.
"Here! Here!. said Bangii.

"Miikaans eta nwaabndaan," gii-kida oosan.
"All I see is a trail," said Daddy.

"Gaawii gegoo maanda miikaans zhisisnoo," kida oosan.
"The trail says nothing," said Daddy.

"Gaawii! Gaawii! Aabideg waasa kwii-bi-nzaamdaan," gii-kida Bangii.
"No! No! You must see it from far away," said Bangii.

Bangii miiniwaa ezhi-ngodweyaangizwaad gii-kidaakiiyewag.
Bangii and his family climbed the hill.

Ezhi-ngodweyaangizwaad kidaaki gii-bi-nzaabiwag.
The family looked down from the hill.

Gii-naabiwag kitigaaning nikeyaa.
They looked to the field.

Waasa gii-temgwad kitigaan.
The field was far away.

Nongo dash kitigan zhisin "G'zaagin N'maamaa."
The field now said "I love you Mother"

"Ohhhhh!" gii-kida oosan.
"Ohhhhh!" said Daddy.

"Aabideg waasa kii-bi-nzaab ji-waabndaman maanda kidwin.
"You have to be far away to see the word."

"Maanda ezhibiigadeg kidaki bi-nzaabing eta waabnjigaade.
"You can only see the message from the hill."

"Nishke! Belle nendam ji-zaageng Kashi-naa," gii kida Bangii.
"Look! Belle wants us to love Mommy." said Bangii.

Ezhi-ngodweyaangizwaad gii-gnowaabmaawan gaashiwan.
The family looked at Bangii's mommy.

Bangii miiniwaa ezhi-ngodweyaangizwaad gii-aankwenaawan miiniwaa gii-jiimaawan gaashiwan.
Bangii and family hugged and kissed their mommy.

Gzaagigoo ngashi.
We love you mommy.

Pane go kii-zaagigoo.
We have always loved you.

Ni-dibikag Bangii gii-zhiwinaan Belle'an ookaangamigoong.
At night Bangii put Belle in the barn.

Kina go ezhi-ngodweyaangizwaad gii-bi-zhaawag ookaangamigoong.
The whole family came out to the barn.

Miiniwaa ngoding ezhingodweyaangizwaad gii-aankwediwag miiniwaa gii-jiindiwag.
The family hugged and kissed mommy again.

"Belle nzaagaanaa ngashnaa."
"Belle we love mommy."

"Pane go ngii-zaagaanaa ngashi-naa."
"We always have loved mommy."

"Gegwaa gegoo nendigen Belle, nzaagaanaa go ngashinaa."
"Don't worry Belle, we love mommy."

Gii-giiwewag niiyaab ezhi-ngodweyaangizwaad.
The family went home.

Belle gii-nbaa miishkoong.
Belle slept in the hay.

Belle gii-nbaa biinji-ookaangamig.
Belle slept in the barn.

Gaa-kizhebaawgag dash Bangii gii-maajiinaan Belle'an kitigaaning.
In the morning Bangii took Belle to the field.

Bangii gii-kidaakiiye.
Bangii went up to the hill.

Kidaaki bi-nsaabid gii-waabmaan Belle'an.
From the hill he saw Belle.

Belle gii-maamiijinan miishkoonsan kitigaaning.
Belle was eating grass in the field.

Belle gii-wiisini miiniwaa gii-wiisini.
Belle ate and ate.

Gaa-ni-shkwaa-giizhigak dash Bangii gii-naabi kitigaaning.
At the end of the day Bangii looked to the field.

Kitigaaning dash gii-temgwad kidwin "Aki."
In the field was the word "Earth."

Bangii miiniwaa gii-naabi.
Bangii looked again.

"Wow!" gii-kida Bangii.
"Wow!" said Bangii.

Kitigaan megwa kidoomgad "G'zaagin Nmaamaa Aki"
The field now said. "I love you Mother Earth."

"Ohhhhhhhhh!." gii-kida Bangii.
"Ohhhhhhhhh!." said Bangii.

"Ohhhh ginistatoon Belle." giikida Bangii.
"Ohhhh now I understand you Belle." said Bangii.

Bangii gii-giiwebatoo.
Bangii ran home.

Bangii gii-wiindimoowaan ezhi-ngodweyaangizid maanda dibaajimoowin.
Bangi told his family the message.

Ezhi-ngodweyaangizwaad gii-maawnjidiwag shkonganing.
The family gathered the reservation.

Ogimaa kina waya gii-ndowemaan wiimaawnjidowaad.
The Chief gathered everybody.

Gii-zhitoonaawaa namewin.
They had a ceremony.

"Aabideg kwii-nametowaanaa Shkakimi-kwe."
"We must pray for Mother Earth."

"Aabideg kwii-gnowendimaanaa Shkakimi-kwe."
"We must care for Mother Earth."

"Aabideg kwii-zaagaanaa Shkakimi-kwe."
"We must love Mother Earth."

Kina ezhi-ngodoodenaawziwaad gii-namawag getin.
The tribe prayed hard.

Ezhi-ngodoodenaawziwaad gii-bigidnamoowaawan Belle'an miiniwaa Shkakimi-kwen semaa, mishkodewish, wiingashk miiniwaa giishkaandik.
The tribe offered Belle and Mother Earth tobacco, sage, sweetgrass and cedar.

Ogimaa miiniwaa Bangii Oosan gii-wiindimoowan bemaadisinjin-
The Chief and Bangii's Daddy told the people-

"Ji-waabndamaang Belle gaa-zhi-dibaajimad aabideg waasa ngii-nsaabmi.
"To see Belle's message we had to be far away."

"Piichin go besha giiyaa'ang gaawii ngii-waabsiimi."
"Sometimes when we are too close we cannot see."

"Piichin gaawi kwaabndaziinaa e-biyaamgok."
"Sometimes we cannot see what is coming."

"Piichin gdoo-nendaanaa ji-gno-waabndamang kina mzinchigan."
"Sometimes we forget to look at the whole picture."

"Piichin gdoo-pshignaanaanin nindan getchi-piitendaagok dibaajimoowinan."
"Sometimes we miss important messages."

"Gmesnaanaanin nindan nikeyaa nendimoowinan."
"We miss important ways of thinking."

"Aabideg kwii-mkowendaanaa mbe niigan waabi-yaamgok."
"We must think of our future now."

"Aabideg kwii-zaagaan Shkakimi-kwe mbe."
"We must love Mother Earth now."

"Aabideg kina kwii-mkwendizmi."
"We must think of all of us."

Miidash wi-pii gii-maajtaang–
From that day forward–

Kina waya gii-gwejtoon ji-zaagaa'ad Shkakimikwen.
Everybody did what they could to love Mother Earth.

Bangi miseyin gii-aanji-nakazanaawan moodensan.
Bangii's sister recycled bottles.

Bangi wiikaaneyin gii-kitaagaanan mitigoonsan.
Bangii's brother planted trees.

Gashiwan gii-biimskowebshkage wii-o-nokiid.
Mommy rode her bicycle to work.

Oosan gewii jina enta gii-nakaazon nbiish gii-gziibiigzhe
Daddy only took a short shower of water.

Besha endaadaajig gewiinwaa gii-aashtoonmaadiwag miijim gaa-shkoseg.
The neighbors shared leftover food with others.

Gewiinwaa enji-kinoomaading gii-mooshginaanaawaa shiweying miikanaang emaangdeg shkonganing.
The school collected litter on the roads of the rez.

Gewiinwaa odenaang gii-kitigaadaanaawaa kitigaanens.
The town planted a garden.

Gewiinwaa ezhi-ngodoodenaawziwaad gii-maajiishkaatoonaawaa enji-odaawewaad getigaadeg odawegamigoons.
The community started a farmers market.

Gewiinwaa enji-kinoomaaading gii-saawan Giizis ebindaasged waasmooni msagaakon.
The school installed solar panels.

Gewii maabaa Ogimaa weweni gii-kowaabndaanan shkonganing emoonigaadeg.
The Chief protected the reservation's resources.

Belle aabji-giizaagigaazo dibishkoo Shkakimikwe epiichi-zaagin.
Belle was loved like Mother Earth too.

Belle gii-aabji-miiginan miishkoonsan enso-giizhigak.
Belle continued to eat grass each day.

Bangii doodooshaaboo Belle'an ondinmoowaan.
Bangii would get the milk from Belle.

Bangii enso-giizhigak gii-miigwechiyan Belle'an.
Bangii would offer a thank you to Belle each day.

Belle gii-minawendam.
Belle was happy.

Gii-minawendam zaam kina shkongan gii-zaagaawan
Shkakimi-ken miiniwaa ngoding.
She was happy the reserve was again loving Mother Earth.

Gaawii wiika miiniwaa Belle gii-zhibiiziin dibaajimoowin.
Belle never wrote another message.

Geyaabi dash go Belle naasab daa endaawaad Bangii ezhi-ngodweyaangizid.
Belle still lives with Bangii and his family.

Bangii miiniwaa ezhi-ngodweyaangizid zaagaa'an shkakimikwen.
Bangii and his family love Mother Earth.

Wenesh giin ge-zhichigeyin ji-zaagaad Shkakimi-kwe?
What will you do today to love Mother Earth?

Mkowendan besha miiniwaa waasa ji-zhi-waabnjigeyin.
Remember to see both close and far.

FOUR Colours Productions:
www.four-colours.org

Brita Vija Brookes:
Though not Indigenous, *(Brita is 50% Latvian & then Irish, Cornish, Scottish & Seychelles Islander)* Brita has been active in Anishinaabemowin for more than 12 years. Brita has been taught by Margaret Noodin, Howard Kimewon, Alphonse Pitawanakwat, Ma nee Chacaby, Maya Chacaby, Isadore Toulouse & Shirley Williams. Brita received her Masters Degree from Harvard University & her Bachelor of Science Degree from the University of Michigan. As an Ally, Brita was on the Longest Walk II, participates in ceremony, pow wows, has presented at the A-teg conference 3 times with Albert Owl & Rachel Mae Butzin and at the Manistee Language Camp in Michigan twice with Isadore Toulouse. Brita was a volunteer in marketing & moderating the Online Anishinaabemowin program with Isadore Toulouse for 8 years. Brita is a Marketing Specialist & Graphic Designer for a global Architectural & Engineering firm. For more - www.britabrookesgraphics.com

Isadore Toulouse:
Isadore is a speaker and teacher of the Ojibwe and Odawa languages. He is from the community of Wikwemikong Unceded Reserve. For over forty-five years language has been a priority in Isadore's life. He has worked at various schools, universities and groups teaching language. Isadore has been a critical part of Anishinaabemowin Teg as their President for several terms. This is the 28th year in Sault St. Marie, Michigan for the A-teg language conference. Isadore's book, *Kidwenan,* published in 1996 is a language resource used across the US and Canada in schools and universities. Isadore shares his skill of language by traveling to conferences and by visiting schools throughout the nation. Thankful to have retained his language he is also thankful to be able to share what he has learned with others and future generations. His stated goal for language is that "it becomes recognized as a first language in the povince."

Darlene "Dolly" Peltier:
Dolly is an Odawa Anishinaabe kwe living and residing at Wikwemikong Unceded Territory on Manitoulin Island. Currently, Dolly works full-time as graphic Illustrator at the Wikwemikong Anishinaabemowin Kinoomaagewin for the Wikwemikong Board of Education. Painting on canvas and shoes, traditional floral beadwork and line drawings are just a few other skills she enjoys. She loves working for the Wikwemikong Board of Education as an Illustrator and has been with the department since Fall of 2008. Dolly uses Adobe Illustrator CS5 for the creation of worksheets, posters, level reader books, and flashcards for all of the schools. Dolly also illustrated for the Wikwemikong Heritage Organization for the Native Language resources, *Ningwakwe Learning Press*, and publications; "*My Home as I Remember*", "*Two Standing Bears Making Medicine*", "*Ajijak*", various commissioned logos, and also was co-curator for the renowned Daphne Odjig in 2007 for her one-woman exhibition show. Dolly has many paintings all over Canada and United States.